I

Combat de Navarin et vue du port et de la ville dessiné et gravé par BEAUJAN (n° 13).

LE CENTENAIRE DE NAVARIN

1827-1927

EXPOSITION DU 3 AU 24 NOVEMBRE 1927

A LA BIBLIOTHÈQUE NATIONALE

ÉDITIONS ALBERT MORANCÉ

PRÉFACE

La Grèce va célébrer solennellement le centenaire de la bataille de Navarin. Tandis que le gouvernement français participera aux fêtes qui se dérouleront à Athènes, MM. les ministres des Affaires Etrangères et de l'Instruction publique répondant à un vœu exprimé par S. E. le ministre de Grèce et de nombreux philhellènes ont accepté qu'il soit organisé à la Bibliothèque Nationale, avec le concours des Archives et des Musées Nationaux, une exposition commémorative de la victoire remportée il y a un siècle par les flottes de l'Angleterre, de la France et de la Russie. Victoire qui devait assurer l'affranchissement d'un peuple soumis depuis quatre cents ans à la domination turque.

C'est le 20 octobre 1827 qu'eut lieu, dans le port de l'antique Pylos, la sanglante bataille. L'après-midi, pendant quatre heures, les flottes alliées commandées par les amiraux Codrington, de Rigny et d'Heyden se mesurèrent avec la flotte turco-égyptienne, aux forces trois fois supérieures, placées sous le commandement d'Ibrahim-Pacha, fils de Mohammed-Ali, vice-roi d'Egypte. Combat terrible, dans sa soudaineté, de bâtiments luttant souvent bord à bord. Lorsque le crépuscule tomba, la rade de Navarin était couverte de carcasses fumantes et d'épaves noircies par le feu. De la formidable flotte turco-égyptienne, il ne restait plus que quelques navires. En quatre heures elle avait perdu six mille hommes, trois vaisseaux de ligne, seize frégates, vingt-six corvettes, douze bricks, et cinq brûlots. Les alliés ne comptaient que cent quarante morts et trois cents blessés.

La bataille de Navarin eut un retentissement considérable.

Depuis de longues années déjà, les patriotes grecs avec Capodistria, l'amiral Mioullis vainqueur de Patras, et le grand Botzaris soutenaient une lutte inégale. Maintes fois ils avaient pu désespérer de la victoire.

Après Navarin, le peuple hellène tout entier put saluer sa libération qu'en Europe et particulièrement en France, tant de cœurs généreux appelaient de leurs vœux.

Faisant écho à la voix de lord Byron, mourant à Missolonghi, celle de nos écrivains et de nos poètes n'avait cessé de jeter en faveur de la Grèce les appels les plus émouvants. C'était Benjamin Constant dans son manifeste, Chateaubriand dans sa *Note* de 1825, Casimir Delavigne dans ses *Messéniennes,* Lamartine dans son *Invocation pour les Grecs,* Victor Hugo dans ses premières *Orientales,* exaltant l'âme de toute une jeunesse enthousiaste, cependant qu'Eugène Delacroix offrait aux yeux ses toiles magistrales des *Massacres de Chio* et de *la Grèce expirante.*

Derrière les tombeaux de Botzaris et de Byron, se levait l'aurore d'une résurrection.

Animé du plus intrépide courage, guidé par la science militaire d'un colonel Fabvier, puissamment secouru par la France qui ne pouvait oublier cette Grèce, mère des arts, qui nous a transmis, avec le flambeau de la civilisation, le culte de la beauté, le peuple hellène devait après Navarin, puis l'expédition de Morée, commandée par le général Maison, voir son indépendance enfin proclamée par le traité d'Andrinople, en 1829.

L'exposition actuelle évoque la célèbre bataille à l'aide de documents qui sont pour la plupart contemporains de celle-ci. Plusieurs peintres nous ont laissé la vision du combat. Garneray, Ch. Langlois, Henry Lecomte, Théodore Leblanc doivent être cités parmi les artistes qui ont fixé les plus beaux traits de la guerre de l'Indépendance hellénique.

Les commandants des flottes alliées.

Un épisode de la bataille.
L'amiral DE RIGNY et IBRAHIM-PACHA.
Dessin de RULHIÈRE (n° 14).

Leurs œuvres se complètent par les gravures et dessins dont certains ne manquent pas d'originalité et qui font partie des richesses du Cabinet des Estampes de la Bibliothèque Nationale et du Musée de la Marine au Louvre.

Le département des Imprimés a aussi largement contribué à la préparation de l'exposition. Indépendamment des ouvrages historiques, nous avons rassemblé la production littéraire qui, de 1825 à 1830, célébrait à l'envi l'affranchissement de la Grèce. Le nombre de poèmes, odes, dithyrambes atteste le grand mouvement d'enthousiasme que suscita en France la victoire de Navarin. La beauté de la forme ne supplée point à l'insuffisance de la documentation. Victor Hugo lui-même ne put échapper à ce reproche. Dans son poème de *Navarin*, la richesse de l'imagination ne l'a point soustrait aux cinglantes critiques de Jal, écrivant son *Archéologie navale*.

Les autres départements de notre première Bibliothèque, les Archives Nationales, les archives du Service historique de la Marine nous ont prêté plusieurs documents curieux parmi lesquels figurent les dépêches de l'amiral de Rigny.

Ajoutons enfin à cette nomenclature les médailles frappées pour commémorer la bataille.

Il nous reste à rappeler les précieux concours qui nous ont permis de réaliser dans un délai très limité, l'exposition de ce centenaire. Nous remercions tout d'abord S. E. M. Politis, ministre de Grèce et M. Mélas, chargé d'Affaires, qui ont si puissamment contribué à son organisation; M. Roland-Marcel, administrateur général de la Bibliothèque Nationale, qui nous a prêté la salle d'exposition et nous a entouré de ses conseils amicaux. Toute notre reconnaissance s'adresse aussi à M. Emile Leroy, secrétaire général, à MM. de la Roncière, Omont, Dieudonné, P.-A. Lemoisne, conservateurs à la Bibliothèque Nationale; à M. Ch. V. Langlois, directeur des Archives Nationales et à M. Henri Courteault, conservateur; à M. Henri Verne, directeur des Musées Nationaux; à M. Jean Guiffrey, conservateur au Musée du Louvre; à M. Metman, conservateur au Musée des Arts décoratifs; à MM. Pératé et Brière, conservateurs au Musée de Versailles; à M. Guillaume Janneau, administrateur du Mobilier National; à M. Lavallée, conservateur à la Bibliothèque de l'Ecole des Beaux-Arts; à M. Destrem, conservateur au Musée de la Marine; à M. le Commandant Paul Chack, chef de la Section historique du ministère de la Marine, enfin à MM. René Puaux, Pierre Dubaut, Georges Aubry, M. Escoffier, Florange et Foundoukidis qui nous ont permis de puiser dans leurs collections particulières.

Qu'ils veuillent bien recevoir ici l'expression de notre gratitude.

Paul TISSEAU,
Commissaire général de l'Exposition.

I

PEINTURES, DESSINS, ESTAMPES

1. *Bataille de Navarin,* par CHARLES LANGLOIS (1828). [Musée de Versailles.]
2. *Bataille de Navarin,* par GARNERAY. [Musée de Versailles.]
3. *L'Amiral de Rigny,* par LÉPAULLE (Salon de 1836). [Musée de Versailles.]
4. *Le Maréchal Maison,* par LÉON COGNIET. [Musée de Versailles.]
5. *Portrait de Kolettis* (*Jean*), général et homme d'Etat grec, l'un des chefs du mouvement de 1822, par DOMINIQUE PAPÉTY. [Musée de Versailles.]
6. *Prise de Patras* (4 octobre 1828), par HIPPOLYTE LECOMTE. [Musée de Versailles.]
7. *Prise de Coron* (9 octobre 1828), par HIPPOLYTE LECOMTE. [Musée de Versailles.]
8. *Camp des Grecs devant Lépante en 1827,* par THÉODORE LEBLANC [Musée de Versailles.]
9. *Guerrier grec* (1827), aquarelle, par EUGÈNE MONTFORT. [Musée du Louvre.]
10. *Guerriers turcs,* aquarelle gouachée, par EUGÈNE MONTFORT. [Musée du Louvre.]
11. *Vue générale du port de Malte,* avec les escadres anglaises et russes de la bataille de Navarin, dessiné par MAZZARA le 22 décembre 1827. [Collection de M. René Puaux.]
12. *La bataille de Navarin,* lithographie d'après LANGLOIS, gravée par SIXDENIERS. [Bibl. Nat., Cabinet des Estampes.]
13. *Combat de Navarin et vue du port et de la ville,* dessiné et gravé par BEAUJAN. [Bibl. Nat., Cabinet des Estampes. Collection Hennin.]
14. *Un épisode de la bataille de Navarin : le vice-amiral de Rigny et Ibrahim-Pacha,* dessin de RULHIÈRE. [Bibl. Nat., Cabinet des Estampes.]

15. *Le bulletin de Navarin,* lithographie de VILLAIN, d'après un dessin de CHARLET. [Bibl. Nat., Cabinet des Estampes.]

16. *Victoire navale de Navarin,* lithographie de JAZET, d'après GARNERAY. [Section historique du ministère de la Marine.]

17. *La bataille de Navarin,* « histoire picturale de la guerre de l'Indépendance hellénique », par le général MARKRYJANNIS (planche 20). [Bibl. Nat., Cabinet des Estampes.]

18. *Bataille de Navarin,* gravure italienne. [Collection de M. René Puaux.]

19. *Les Grecs reçoivent la nouvelle du combat de Navarin,* lithographie de H. BELLANGÉ (1827). [Collection de M. E. Foundoukidis.]

20. *L'amiral de Rigny,* lithographie de DUCARME, d'après LEVILLY. [Bibl. Nat., Cabinet des Estampes.]

21. *L'amiral Codrington,* lithographie d'après DRAWING, gravée par MULLER. [Bibl. Nat., Cabinet des Estampes.]

22. *L'amiral d'Heyden,* lithographie de DUCARME, d'après LEVILLY. [Bibl. Nat., Cabinet des Estampes.]

23. *Botzaris, l'un des héros de la guerre d'Indépendance, tué à Karpenisi près de Missolonghi, en 1823,* lithographie d'ENGELMANN, d'après GIRODET. [Bibl. Nat., Cabinet des Estampes.]

24. *Capodistria, président de la Grèce,* lithographie de BOUVIER. [Bibl. Nat., Cabinet des Estampes.]

25. *L'amiral Mioullis, le vainqueur de Patras,* lithographie de DELPECH, d'après BELLIARD (1827). [Bibl. Nat., Cabinet des Estampes.]

26. *Lord Byron,* lithographie de DELORIEUX (1824). [Bibl. Nat., Cabinet des Estampes.]

27. *Le maréchal Maison, commandant de l'expédition de Morée,* lithographie de VILAIN. [Bibl. Nat., Cabinet des Estampes.]

28. *Le colonel Fabvier,* par MAURIN, d'après SCHEFFER aîné. [Collection de M. E. Foundoukidis.]

29. *Mohammed-Ali,* lithographie de VILAIN. [Bibl. Nat., Cabi- des Estampes.]

30. *Mohammed-Ali,* lithographie de PLATTEL. [Bibl. Nat., Cabinet des Estampes.]

31. *Ibrahim-Pacha,* lithographie de SÉNIGRAER, d'après un dessin de BOGGI. [Bibl. Nat., Cabinet des Estampes.]

32. *Ibrahim-Pacha,* lithographie de L. CHÉRY. [Bibl. Nat., Cabinet des Estampes.]

33. *Imasmel Bey et Méhemet-Pacha,* par L. DUPRÉ, lithographie de FORMENTIN. [Collection de M. E. Foundoukidis.]

34. *Athénienne,* lithographie de A. DEVÉRIA. [Collection de M. E. Foundoukidis.]

35. *Oriental,* aquarelle de GÉRICAULT. [Collections de M. Pierre Dubaut.]

36. *Oriental,* dessin à la plume de GÉRICAULT. [Collection de M. Pierre Dubaut.]

37. *Cavaliers turcs,* dessin à la plume du baron GROS. [Collection de M. Pierre Dubaut.]

38. *Pallikares,* aquarelle gouachée de SÉMERVILLE. [Musée du Louvre.]

39. *Pallikare en faction,* lithographie de TH. LEBLANC. [Collection de M. E. Foundoukidis.]

40. *Soldat français instruisant des Grecs,* par H. VERNET, lithographie de DELPECH. [Collection de M. René Puaux.]

41. *Homme du peuple à Salonique,* aquarelle (1828), par EUGÈNE MONTFORT. [Musée du Louvre.]

42. *Bergers thessaliens,* aquarelle, par EUGÈNE MONTFORT. [Musée du Louvre.]

43. *Notables turcs,* aquarelle, par EUGÈNE MONTFORT. [Musée du Louvre.]

44. *Officier grec,* peinture, par EUGÈNE DELACROIX. [Collection de M. Georges Aubry.]

44 *bis.* *Grecs,* par EUGÈNE DELACROIX. [Collection de M. Georges Aubry.]

45. *Le Marchand d'esclaves,* par H. VERNET, lithographie de DELPECH.

46. *Un café à Smyrne,* lithographie de RAFFET.

47. *Réception solennelle des Français en Grèce,* gravure allemande. [Collection de M. E. Foundoukidis.]

48. *Les affaires de Grèce,* lithographie de BELLANGÉ (1827). [Collection de M. René Puaux.]

49. *L'amiral de Rigny,* par DAUMIER. [Bibl. Nat., Cabinet des Estampes.]

49 *bis.* *Cavalier turc,* par GÉRICAULT, dessin à la plume et à la mine de plomb, lavé de bistre. [Musée de l'Ecole des Beaux-Arts.]

49 *ter.* *La Fiancée d'Abydos,* lithographie de GÉRICAULT. [Collection de M. E. Foundoukidis.]

49[4]. *Le Giaour,* lithographie de GÉRICAULT. [Collection de M. E. Foundoukidis.]

49[5] *La Romaïqua, danse grecque,* lithographie de TH. LEBLANC. [Collection de M. E. Foundoukidis.]

II

IMPRIMÉS, MANUSCRITS, CARTES ET PLANS

50. *Dépêches officielles de l'amiral de Rigny sur la bataille de Navarin.* [Archives Nationales, BB^4. 488.]

51. *Lettre de l'amiral de Rigny au consul de France Fauvel* (autographe). [Bibl. Nat., Département des Manuscrits.]

52. *Rapport du préfet des Bouches-du-Rhône sur le Comité de Marseille pour la souscription en vue de la création à Marseille d'une Association en faveur des Grecs* (7 juin 1826). [Archives Nationales, F^7. 6722.]

53. *Nouvelles sur la situation de la Grèce, apportées par l'Amaranthe, goélette française, et rapport du sous-préfet de Toulon* (12 avril 1827). [Archives Nationales. F^7. 6722.]

54. *Note sur les derniers événements de Grèce avec la liste des Français morts à Athènes* (décembre 1826). [Archives Nationales, F^7. 6722.]

55. *Pétitions de Chypriotes réfugiés à Marseille* (15 mai 1924). [Archives Nationales, F^7. 6723A.]

56. *Etat des Grecs réfugiés à Marseille, envoyé par le préfet des Bouches-du-Rhône* (10 mai 1826). [Archives Nationales, F^7. 6724.]

57. *Dépêche annonçant le retour du colonel Fabvier* (5 septembre 1828). [Archives Nationales, F^7. 6993.]

58. CASIMIR DELAVIGNE, *Les Messéniennes et poésies nouvelles.* Paris, Ladvocat (1824). [Collection de M. Escoffier.]

59. VICTOR HUGO, *Les Orientales,* édition illustrée. Paris, Charles Gosselin (1829). [Collection de M. Escoffier]

60. JAL, *Archéologie navale.* [Bibl. Nat., Département des Imprimés.]

61. VICTOR HUGO, *Navarin,* manuscrit autographe des « Orientales ». [Bibl. Nat., Département des Manuscrits.]

61 *bis.* ALEXANDRE DUMAS, *Canaris.* [Collection de M. Escoffier.]

61 *ter.* LAMARTINE, *Harmonies poétiques.* Paris, Ch. Gosselin (1826). [Collection de M. Escoffier.]

62. *La Bataille de Navarin*, chant héroïque, par M***. Colmar, chez Petit (1828). [Bibl. Nat., Département des Imprimés.]

63. *La Bataille de Navarin*, ode par J.-C. Amy. Paris, Anthelme Boucher (1828). [Bibl. Nat., Département des Imprimés.]

64. *La Bataille de Navarin*, poème dédié au collège royal d'Angoulême, par M. Eugène Pradel. Rochefort, de Faye fils (1828). [Bibl. Nat., Département des Imprimés.]

65. *La Bataille de Navarin*, poème lyrique, par Melchior Potier. Paris, de Lachevardière (1829). [Bibl. Nat., Département des Imprimés.]

66. *Le Combat de Navarin*, par E. Michelet, capitaine au 43e régiment de ligne. Perpignan, A. Tastu (1827). [Bibl. Nat., Département des Imprimés.]

67. *Ode sur la victoire de Navarin*, par J.-M. Chopin. [Bibl. Nat., Département des Imprimés.]

68. *La Bataille de Navarin*, ode par Evariste Boulay-Paty. Paris, Ladvocat et Delaunay (1828). [Bibl. Nat., Département des Imprimés.]

69. *Navarin*, satire turque traduite d'une gazette de Constantinople par M. A. [Bibl. Nat., Département des Imprimés.]

70. *La Grèce*, ode traduite de l'anglais, de Lord Byron, par A. Cunyngham. Paris, Firmin-Didot. [Bibl. Nat., Département des Imprimés.]

71. *Lettre messénienne, sur l'intervention des puissances alliées dans les affaires de la Grèce*. A Paris, chez Le Normant père (1824). [Bibl. Nat., Département des Imprimés.]

72. *Réclamation en faveur des Grecs, adressée aux puissances de la Sainte-Alliance*, par H. D***. Paris (1821). [Bibl. Nat., Département des Imprimés.]

73. *Appel aux nations chrétiennes en faveur des Grecs*, par Benjamin Constant. Paris (1825). [Bibl. Nat., Département des Imprimés.]

74. « *A la jeunesse française* », *souscription en faveur des Grecs*, à Lord Byron. Paris (1825). [Bibl. Nat., Département des Imprimés.]

Le bulletin de Navarin.
Lithographie de VILLAIN, d'après CHARLET (n° 15).

Les Grecs reçoivent la nouvelle du Combat de Navarin.
Lithographie de H. BELLANGÉ (n° 19).

75. *Remarques politiques sur la cause des Grecs.* Paris, Lenormand (1822). [Bibl. Nat., Département des Imprimés.]

76. *Adresse du Comité central de la Société philanthropique de Paris à tous les amis des Grecs.* Paris, Firmin-Didot (1827). [Bibl. Nat., Département des Imprimés.]

77. *Note sur la Grèce,* nouvelle édition augmentée d'un avant-propos par M. le vicomte de CHATEAUBRIAND. Paris, Le Normand père (1825). [Bibl. Nat., Département des Imprimés.]

78. *Aperçu sur la situation de la Grèce et réflexions sur son indépendance,* par DEMETRIUS PANAGIOTÈS PSATELES. Paris (1826). [Bibl. Nat., Département des Imprimés.]

79. *Coup d'œil sur l'avenir de la Grèce,* par un Grec. Paris, Hippolyte Tilliard (1826). [Bibl. Nat., Département des Imprimés.]

80. *La Grèce régénérée ou description topographique du nouvel Etat indépendant de la Grèce et des frontières qui lui conviennent, suivie de notes justificatives et historiques,* par SPIRIDON BALBI. Paris, Firmin-Didot frères (1833). [Bibl. Nat., Département des Imprimés.]

81. *De la question turque et des empiétements de la Russie,* par M. DE BREUVERY. Marseille, Feissat aîné et Demonchy (1834). [Bibl. Nat., Département des Imprimés.]

82. *La question d'Orient,* par THÉODORE BÉNAZET. Paris, Charles Gosselin et Cie (1836). [Bibl. Nat., Département des Imprimés.]

83. « *The Royal Navy* », *a history, from the Earliest Times to the present.* W. Laird Clowes. [Bibl. Nat., Département des Imprimés.]

84. *Beaux exemples de sagesse, de piété filiale et de vertus civiles et militaires des Grecs.* Paris, Thiériot et Belin (1824). [Bibl. Nat., Département des Imprimés.]

85. *Précis des opérations de la flotte grecque durant la révolution de 1821-1822,* écrit par un Grec et publié par G. AGNATI. Paris, Trouvé (1822). [Bibl. Nat., Département des Imprimés.]

86. *Victoires et conquêtes des Grecs modernes, depuis leurs premières hostilités contre les Turcs, jusqu'à la fin de l'année 1824,* par J.-B. PIQUENARD. Paris, De Lelong (1826). [Bibl. Nat., Département des Imprimés.]

87. *Mémoires historiques et militaires sur les événements de la Grèce depuis 1822 jusqu'au combat de Navarin,* par JOURDAIN. Paris, Brissot Thivars (1828). [Bibl. Nat., Département des Imprimés.]

88. *Beautés de l'histoire de la Grèce moderne,* par Mme DUFRÉNOY. Paris, A. Eymery (1825). [Bibl. Nat., Département des Imprimés.]

89. *La Grèce,* par G.-B. DEPPING, ornée d'une carte de la Grèce et de huit vues d'après DODWELL. Paris, Ferra jeune (1823). [Bibl. Nat., Département des Imprimés.]

90. *Voyage pittoresque en Grèce,* par BARBIER DUBOCAGE. [Bibl. Nat., Département des Imprimés.]

91. *La France maritime* (année 1837). [Bibl. Nat., Département des Imprimés.]

92. « *The Greece of the Greeks* », by G.-A. PERDICARIS. New-York, Paine and Burgess (1845). [Bibl. Nat., Département des Imprimés.]

93. *Haïdée,* poème hellénique en quatre chants, imité de Lord BYRON, par HIPPOLYTE M. Paris, Lemoine (1826). [Bibl. Nat., Département des Imprimés.]

94. *Navarin* (6 juillet-20 octobre 1827), par GEORGES DOUIN, lieutenant de vaisseau. (Société royale de Géographie d'Egypte.) Publié sous les auspices de Sa Majesté Fouad Ier. Le Caire (1927).

95. *Carte de l'Empire des Turcs,* dressée pour observer la marche des Chrétiens contre les Mahométans. Paris, L. Treyfous (1828). [Bibl. Nat., Département des Imprimés, Section de Géographie.]

96. *Carte de la Turquie d'Europe et d'Asie contenant la Grèce ou le théâtre de la guerre entre les Grecs et les Turcs,* dressée d'après les voyages les plus récents, par HÉRISSON, géographe. Paris, Basset (1828). [Bibl. Nat., Département des Imprimés, Section de Géographie.]

97. *Carte grecque comprenant la Turquie d'Europe, la Grèce et les cartes particulières des environs d'Athènes* (partie). [Bibl. Nat., Département des Imprimés, Section de Géographie.]

98. *Plan de la bataille navale livrée par les escadres réunies d'Angleterre, de France et de Russie, contre l'escadre turco-égyptienne, dans le port de Navarin, le 20 octobre 1827.* [Bibl. Nat., Département des Imprimés, Section de Géographie.]

99. *Plan de la bataille navale de Navarin,* dressé par L. Garneray d'après les renseignements qui lui ont été fournis par MM. les officiers de marine des escadres alliées, et approuvé par M. le vice-amiral de Rigny, pour servir à l'intelligence du précis de la bataille de Navarin. [Bibl. Nat., Département des Imprimés, Section de Géographie.]

100. *Plan du combat naval livré dans le port de Navarin le 20 octobre 1827 entre les escadres combinées d'Angleterre, de France et de Russie et la flotte turco-égyptienne.* [Service historique du ministère de la Marine.]

101. *Plan du port et des villes vieille et neuve de Navarin,* par A.-C. Besson. Exposé au Salon de l'an VIII, n° 31. [Bibl. Nat., Département des Imprimés, Section de Géographie.]

102. *Plan de la ville et des environs de Missolonghi,* rédigé d'après des levés faits sur les lieux en 1825 et publié par Lapie, premier géographe du roi. Paris (1826). [Bibl. Nat., Département des Imprimés, Section de Géographie.]

103. *Le Dernier jour de Missolonghi,* drame héroïque en trois actes, en vers, avec des chants, par M. G. Ozaneaux, musique de M. Hérold, représenté pour la première fois à Paris, sur le théâtre royal de l'Odéon le 10 avril 1828. Paris, Barba (1828). [Bibl. Nat., Département des Imprimés.]

104. *Musique pour le « Dernier jour de Missolonghi »,* F. Hérold. [Bibl. Nat., Département des Imprimés.]

III

MÉDAILLES

105. *La bataille de Navarin* (1827). Bronze. [Bibl. Nat., Cabinet des Médailles.]

106. *La bataille de Navarin* (1827). Bronze doré. [Bibl. Nat., Cabinet des Médailles.]

107. *L'amiral de Rigny* (1827). Bronze. [Bibl. Nat., Cabinet des Médailles.]

108. *Le colonel Fabvier.* Bronze. [Bibl. Nat., Cabinet des Médailles.]

109. *Exposition à Lyon en faveur des Grecs* (1826). Bronze. [Bibl. Nat., Cabinet des Médailles.]

110. *Lord Byron,* par Leclerc. Bronze. [Bibl. Nat., Cabinet des Médailles.]

111. *Lord Byron,* par William. Bronze. [Bibl. Nat., Cabinet des Médailles.]

112. *Médaille du Comité du Centenaire de Missolonghi.* Bronze. [Bibl. Nat., Cabinet des Médailles.]

113. *Médaille commémorative du Centenaire du colonel Fabvier.* Bronze. [Collection de M. René Puaux.]

114. *L'amiral Codrington (Ed.),* vice-amiral du pavillon bleu Médaille nacre gravée. [Collection de M. J. Florange.]

L'Union Typographique, Villeneuve-St-Georges.

Médailles commémoratives.

1. L'amiral DE RIGNY (1827). Face et revers (n° 107).
2. La bataille de Navarin (1827). Face et revers (n° 106).

CHOIX D'OUVRAGES D'ART ET D'ARCHITECTURE

LES ARTS DÉCORATIFS MUSULMANS

PRÉFACE DE M. GASTON MIGEON

Directeur honoraire des Musées Nationaux

= Ce magnifique ouvrage réunit un choix de chefs-d'œuvre des principaux arts décoratifs musulmans : bois et ivoires sculptés, métaux, céramique et verrerie, tapis et tissus. Toutes ces pièces proviennent de grandes collections grecques d'Alexandrie, en particulier celles de MM. A.-E. Benachi, Ch. Nomico, R.-A. Harari, A. Tortillia, E. Goar, Max Rolo, C. Salvago, S. Lagonico, C. Bacos, A.-J. Choremi, A. de Menasce, etc. L'ensemble est d'exceptionnelle rareté.

= L'ouvrage forme un magnifique album petit in-folio (31×41) de 60 planches en héliotypie dont une en couleurs, et 16 pages de texte décorées. L'ensemble est présenté sous un portefeuille .... **250** fr.

ÉDITIONS ALBERT MORANCÉ
A PARIS, 30 & 32, RUE DE FLEURUS

L'Union Typographique, Villeneuve-St-Georges.

www.ingramcontent.com/pod-product-compliance
Ingram Content Group UK Ltd.
Pitfield, Milton Keynes, MK11 3LW, UK
UKHW022320170726
13837UKWH00005BA/2090

9 782329 180694